Das Leben ist lesenswert

Vom Glück, Bücher zu lieben

Ausgewählt und zusammengestellt
von Ilka Osenberg-van Vugt

234
Buch
Buch
Buch

Die ganze Welt ist eine große Geschichte, und wir spielen darin mit.

Michael Ende, Momo

Lesen ist Glück

DIE UNENDLICHE GESCHICHTE

Wer niemals ganze Nachmittage lang mit glühenden Ohren und verstrubbeltem Haar über einem Buch saß und las und las und die Welt um sich her vergaß, nicht mehr merkte, dass er hungrig wurde oder fror – Wer niemals heimlich beim Schein einer Taschenlampe unter der Bettdecke gelesen hat, weil Vater oder Mutter oder sonst irgendeine besorgte Person einem das Licht ausknipste mit der gutgemeinten Begründung, man müsse jetzt schlafen, da man doch morgen so früh aus den Federn sollte – Wer niemals offen oder im geheimen bitterliche Tränen vergossen hat, weil eine wunderbare Geschichte zu Ende ging und man Abschied nehmen musste von den Gestalten, mit denen man gemeinsam so viele Abenteuer erlebt hatte, die man liebte und bewunderte, um die man gebangt und für die man gehofft hatte, und ohne deren Gesellschaft einem das Leben leer und sinnlos schien – Wer nichts von alledem aus eigener Erfahrung kennt, nun, der wird wahrscheinlich nicht begreifen können, was Bastian jetzt tat. Er starrte auf den Titel des Buches, und ihm wurde abwechselnd heiß und kalt. Das, genau das war es, wovon er schon oft geträumt und was er sich, seit er von seiner Leidenschaft befallen war, gewünscht hatte: eine Geschichte, die niemals zu Ende ging! Das Buch aller Bücher!

Michael Ende, Die unendliche Geschichte

IM MÄRCHENLAND

Im Märchenland
blüht die Poesie
Ich suche sie
am Traumpfad
der mich führt

Rose Ausländer

FANTASIE

Alles, was an Großem in der Welt geschah, vollzog sich zuerst in der Fantasie eines Menschen, und wie die Welt von Morgen aussieht, hängt in großem Maß von der Einbildungskraft jener ab, die gerade jetzt lesen lernen.

Astrid Lindgren, Deshalb brauchen Kinder Bücher

WER NICHT LIEST

Wer nicht liest, wird mit 70 Jahren nur ein einziges Leben gelebt haben: Sein eigenes. Wer liest, wird 5000 Jahre gelebt haben: Er war dabei, als Kain Abel tötete, als Renzo Lucia heiratete, als Leopardi die Unendlichkeit bewunderte. Denn Lesen ist eine Unsterblichkeit nach hinten.

Umberto Eco

Wer Bücher schenkt, schenkt Wertpapiere.
Erich Kästner

Ann Arbor den 26ten Mai '99.

ERSTES MAL

Einmal hörte ich einen Stammkunden in der Buchhandlung meines Vaters sagen, wenige Dinge prägten einen Leser so sehr wie das erste Buch, das sich wirklich einen Weg zu seinem Herzen bahne. Diese ersten Seiten, das Echo dieser Worte, die wir zurückgelassen glauben, begleiten uns ein Leben lang und meißeln in unserer Erinnerung einen Palast, wie viele Bücher wir lesen, wie viele Welten wir entdecken, wieviel wir lernen oder vergessen.

Carlos Ruiz Zafón, Der Schatten des Windes

BÜCHER SIND WIE FLIEGENPAPIER

Wenn du ein Buch auf eine Reise mitnimmst […] dann geschieht etwas Seltsames: Das Buch wird anfangen, deine Erinnerungen zu sammeln. Du wirst es später nur aufschlagen müssen und schon wirst du wieder dort sein, wo du zuerst darin gelesen hast. Schon mit den ersten Wörtern wird alles zurückkommen: die Bilder, die Gerüche, das Eis, das du beim Lesen gegessen hast […] Bücher sind wie Fliegenpapier. An nichts haften Erinnerungen so gut wie an bedruckten Seiten.

Cornelia Funke, Tintenherz

Die Welt ist ein Buch, und jeder Schritt, den wir auf ihr tun, öffnet uns darinnen eine neue Seite. Wer aber nur eine davon gelesen hat: Was weiß der?
Alphonse de Lamartine

WAS IST IM BUCH?

„Ich möchte wissen", sagte er vor sich hin, „was eigentlich in einem Buch los ist, solang es zu ist. Natürlich sind nur Buchstaben drin, die auf Papier gedruckt sind, aber trotzdem – irgendwas muss doch los sein, denn wenn ich es aufschlage, dann ist da auf einmal eine ganze Geschichte. Da sind Personen, die ich noch nicht kenne, und es gibt alle möglichen Abenteuer und Taten und Kämpfe – und manchmal ereignen sich Meeresstürme, oder man kommt in fremde Länder und Städte. Das ist doch alles irgendwie drin im Buch. Man muss es lesen, damit man's erlebt, das ist klar. Aber drin ist es schon vorher. Ich möcht wissen, wie?"

Michael Ende, Die unendliche Geschichte

Bücher sind Schiffe, welche die weiten Meere
der Zeit durcheilen.
Francis Bacon

DER LESENDE

Ich las schon lang. Seit dieser Nachmittag,
mit Regen rauschend, an den Fenstern lag.
Vom Winde draußen hörte ich nichts mehr:
mein Buch war schwer.
Ich sah ihm in die Blätter wie in Mienen,
die dunkel werden von Nachdenklichkeit,
und um mein Lesen staute sich die Zeit. –
Auf einmal sind die Seiten überschienen,
und statt der bangen Wortverworrenheit
steht: Abend, Abend ... überall auf ihnen.
Ich schau noch nicht hinaus, und doch zerreißen
die langen Zeilen, und die Worte rollen
von ihren Fäden fort, wohin sie wollen ...
Da weiß ich es: über den übervollen
glänzenden Gärten sind die Himmel weit;
die Sonne hat noch einmal kommen sollen. –
Und jetzt wird Sommernacht, soweit man sieht:
zu wenig Gruppen stellt sich das Verstreute,
dunkel, auf langen Wegen, gehn die Leute,
und seltsam weit, als ob es mehr bedeute,
hört man das Wenige, das noch geschieht.

Und wenn ich jetzt vom Buch die Augen hebe,
wird nichts befremdlich sein und alles groß.
Dort draußen ist, was ich hier drinnen lebe,
und hier und dort ist alles grenzenlos;
nur dass ich mich noch mehr damit verwebe,
wenn meine Blicke an die Dinge passen
und an die ernste Einfachheit der Massen, –
da wächst die Erde über sich hinaus.
Den ganzen Himmel scheint sie zu umfassen:
der erste Stern ist wie das letzte Haus.

Rainer Maria Rilke

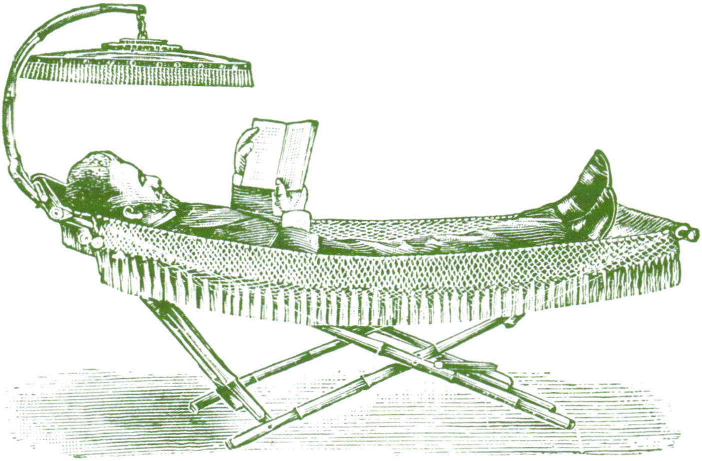

ge ſche chi ſchi ju ſchu
ſchaf ſchuf fiſch wiſch tiſ
ſchon raſch huſch buſch
ſchei be wä ſche ſcha le ſchul

21. Zur Wiederholung.

ich ha be ſchon ein buch — mein va ter gab mir das buch — ich ge he nun zur ſchu le — da ler nen wir — wir be ten, wir le ſen, wir rech nen ſchau an den baum — der baum hat laub — fi ſche le ben im waſ ſer — wer ſchuf den baum — wer ſchuf den fiſch im bach — wer ſchuf die gan ze welt

22. Silben und Wörter mit mehreren Auslauten.

md mt — nd nt — ld lt — bt
und mund wund hund bund land
hand band ſand fand wind — bunt
das kind weint — der mond ſcheint
halt rein die hand und rein den mund

LESEN MACHT SÜCHTIG

Daher sieht man Bücherleser und Leserinnen, die mit dem Buche in der Hand aufstehen und zu Bett gehen, sich damit zu Tische setzen, es neben der Arbeit liegen haben, auf Spaziergängen sich damit tragen und sich von der einmal angefangenen Lektüre nicht wieder trennen können, bis sie sie vollendet haben. Aber kaum ist die letzte Seite eines Buches verschlungen, so sehen sie sich schon wieder gierig um, wo sie ein anderes herbekommen wollen; und wo sie nur irgendetwas auf einer Toilette, auf einem Pulte oder sonst wo erblicken, das in ihr Fach gehört oder für sie lesbar scheint, da nehmen sie es mit und verschlingen es mit einer Art von Heißhunger.

Kein Tabaksbruder, keine Kaffeeschwester, kein Weintrinker, kein Spielgeist kann so an seine Pfeife, Bouteille, an den Spiel- oder Kaffeetisch attachiert sein, als manche Lesehungrige an ihre Lesereien.

Johann Rudolph Gottlieb Beyer, Über das Bücherlesen

Wer viel liest, liest aus Liebe. Anfangs ist man in die Figuren verliebt; dann verliebt man sich in den Autor; und am Ende in die Literatur.
Charles Dantzig

GUTE SCHULUNG

Unter den verschiedenen Mitteln, die Zeit hinzubringen, sich zu zerstreuen oder zu unterhalten, ist immer das Bücherlesen edler und der Würde des Menschen angemessener, als viele andre sogenannte zeitvertreibende oder zeittötende Beschäftigungen; denn man mache sich's auch so bequem dabei, als man wolle, und denke so wenig, als möglich ist, so muss man doch Etwas denken, und so werden also doch die edleren Kräfte des Menschen, die Geisteskräfte, beschäftigt und geübt.

Johann Rudolph Gottlieb Beyer, Über das Bücherlesen

BEQUEMER ZEITVERTREIB

Außerdem hat das Bücherlesen, als Vergnügungs- und Zerstreuungsmittel betrachtet, auch das Gute an sich, dass man, um es zu genießen, nicht außer seinem Hause zu sein braucht, sondern vielmehr zu Hause gehalten wird. Die meisten Ergötzungen und Zerstreuungen sucht der Mensch außer seinem Hause, und der Gelegenheiten und Reizungen, außer seinem Hause zu sein, sind bei dem jetzigen Hange nach Vergnügen und Zerstreuung so viele, dass es wirklich einen nachteiligen Einfluss auf häuslichen Wohlstand und häusliche Glückseligkeit hat.

Johann Rudolph Gottlieb Beyer, Über das Bücherlesen

Nichts ist schlimmer als ein Buch anzufangen und es dann nicht mehr zu Ende zu lesen zu können.
Kurt Tucholsky

BIBLIOTHÈQUE NATIONALE

Ich sitze und lese einen Dichter. Es sind viele Leute im Saal, aber man spürt sie nicht. Sie sind in den Büchern. Manchmal bewegen sie sich in den Blättern, wie Menschen, die schlafen und sich umwenden zwischen zwei Träumen. Ach, wie gut ist es doch, unter lesenden Menschen zu sein. Warum sind sie nicht immer so? Du kannst hingehen zu einem und ihn leise anrühren: Er fühlt nichts. Und stößt du einen Nachbar beim Aufstehen ein wenig an und entschuldigst dich, so nickt er nach der Seite, auf der er deine Stimme hört, sein Gesicht wendet sich dir zu und sieht dich nicht, und sein Haar ist wie das Haar eines Schlafenden. Wie wohl das tut. Und ich sitze und habe einen Dichter.

Rainer Maria Rilke, Die Aufzeichnungen des Malte Laurids Brigge

Ich habe mir das Paradies
immer als eine Art Bibliothek vorgestellt.
Jorge Luis Borges

WER LIEST, GENIESST

Wir haben Gedichte nicht einfach gelesen, wir haben sie uns wie Honig genüsslich auf der Zunge zergehen lassen.

Der Club der toten Dichter

WORTE

Worte treffen.
Worte betreffen.
Worte glücken.
Worte beglücken.
Worte richten.
Worte richten auf.
Worte irren.
Worte beirren.
Worte zaubern.
Worte bezaubern.

Marion Schmickler-Weber

Wer zu lesen versteht, besitzt den Schlüssel zu großen Taten, zu ungeträumten Möglichkeiten, zu einem berauschend schönen, sinnerfüllten und glücklichen Leben.
Aldous Huxley

VERBUNDENHEIT

Frieden ist, wenn ich abends in den Flur gehe, zum Bücherregal, und mir ein Buch nehme, damit zurück ins Zimmer gehe, mich ins Bett lege und lese. Wenn ich eintauche in Worte, die mir guttun. Wenn ich ins Gespräch komme mit jemandem, der diese Worte vor langer Zeit geschrieben hat. Der mir also etwas sagen will, was er wichtig findet, etwas, was er begriffen hat, und er wollte nicht von dieser Welt gehen, ohne das einem anderen Menschen weiterzusagen. Und dieser andere Mensch bin nun ich, und ich lese es einmal und noch einmal, und weil es mich so tief berührt, mache ich eine Pause und lausche dem Nachhall. Und dann lasse ich das Buch für eine Weile sinken, schließe die Augen, spreche die letzten Worte halblaut nach und fühle mich aufs Herrlichste verbunden mit einem fremden Menschen, der mir ein Stück seines Lebens geschenkt hat.

Doris Bewernitz

Das Lesen von Büchern ist wie eine Unterhaltung
mit den besten Menschen vergangener Jahre.
René Descartes

Die Entdeckungsreise auf der Insel.

Mitte Juli begann ich meine Reise; der erste Ausflug war zu jener Bucht, in der ich mit meinem Flosse früher zu landen pflegte. Ich ging zwei Meilen lang an dem Ufer des Flusses hin und traf ganz vortreffliche Wiesen. Als ich mich den Bergen näherte, fand ich sehr schöne Tabackspflanzen und andere mir unbekannte Gewächse. Auch sah ich Aloëpflanzen und wildes Zuckerrohr; ich bedauerte jetzt, daß ich die mir früher gebotene Gelegenheit, mir einige Pflanzenkenntniß zu erwerben, nicht benutzt hatte.

Am folgenden Tage setzte ich meine Wanderungen fort; die Gegend wurde immer waldiger, und ich hatte das Vergnügen, Melonen und Weintrauben zu finden, deren Reben sich an den Bäumen hinauf geschwungen hatten. Ich genoß einige Beeren, die andern legte ich in die heiße Sonne, um sie zu trocknen und in der Regenzeit, wenn es keine Weintrauben gäbe, als Rosinen genießen zu können. — Der Abend war indessen herangekommen, und um nicht wieder nach Hause zurückzukehren, stieg ich auf einen Baum und schlief die Nacht auf demselben. Mein Lager schien mir diesmal nicht so bequem als das erstemal, ich war daher schon in der Morgendämmerung auf den Füßen und setzte meinen Weg fort. Nach ungefähr einer Stunde war es heller Tag; die Sonne strahlte über die Berge herauf, und ich befand mich neben einem Bach, der am Fuße eines buschigen Hügels hervorrieselte. Hier setzte ich mich nieder, um mein Morgenbrot zu verzehren und auszuruhen. Auch Treu, mein Hund, ließ es sich, so wie das frische Wasser herrlich schmecken. Das Thal eröffnete sich nach Westen, und da es sich zugleich dahin sanft neigte, so durchschlängelte der Bach die reizende Gegend, die sich im schönsten Schmucke des Frühlings vor mir ausbreitete. Ich stieg ein wenig den Hügel hinan, wo ich Alles übersehen konnte. Alles war grün und blühend, ein lachender Garten. Zahlreiche dichte Gruppen von Orangen-, Kokos- und anderen Fruchtbäumen waren im schönsten Flor, ein wahrer Blüthenhain, der Boden war ein herrlicher Blumenteppich. Von der hohen südlichen Bergkette

4*

LIEBLINGSBESCHÄFTIGUNG

Worte weben
zu wärmenden Tüchern
die sich um die Seele legen
wenn es kalt wird
damit das innere Feuer
nicht verlöscht

zu einem Netz
das unseren Tanz
auf dem Seil des Lebens
schützt
und immer neu
unser Fallen
auffängt

Katja Süß

Allein schon das Wissen, dass einen am Ende
eines langen Tages ein gutes Buch erwartet,
macht diesen Tag zu einem glücklicheren.
Kathleen Norris

LESEN IST GEFÄHRLICH

Ich glaube, man sollte überhaupt nur noch solche Bücher lesen, die einen beißen und stechen. Wenn das Buch, das wir lesen, uns nicht mit einem Faustschlag auf den Schädel weckt, wozu lesen wir dann das Buch? [...] Ein Buch muss die Axt sein für das gefrorene Meer in uns.

Franz Kafka, Brief an Oskar Pollak, 27.01.1904

ICH MUSS GESTEHEN, ICH LESE NICHT ZU MEINEM VERGNÜGEN

Ich suche weder Entspannung noch Ablenkung, noch andere Freuden dieser Art. Ein Buch ist für mich eine Art Schaufel, mit der ich mich umgrabe. Obwohl ich das nicht zu meinem Vergnügen tue, sondern einfach aus einem Bedürfnis, für das ich keine Gründe mehr anzugeben weiß, keine Gründe auf jeden Fall, die von anderer Art wären als die, die uns veranlassen zu atmen oder zu essen, trotzdem macht mir das Lesen, dieses Herumgraben in mir selbst, oft mehr Vergnügen als das Atmen, ja es macht mir zuweilen sogar das Atmen wieder vergnüglicher.

Martin Walser

Lesen ist Denken mit fremdem Gehirn.
Arthur Schopenhauer

Lateinische Currentschrift.

Große Schriftzeichen:

A B C D E F G H I

K L M N O P Q R

S T U V

Kleine

a b … l

m n

v w

Zahlenzeichen in Currentschrift:

0 1 2 3 4 5 6 7 8 9

MAN MUSS NICHT ALLES VERSTEHEN

Wenn ich im Lesen eine schwere Stelle finde, die ich nicht verstehen kann, so beiße ich mir deswegen die Nägel nicht ab; sondern lasse es, nachdem ich sie ein oder ein paar Mal beleuchtet habe, dabei bewenden. Wenn ich mich darauf erpichte, würde ich mich und meine Zeit verderben, denn mein Kopf wird leicht stutzig: Was er nicht im ersten Anlauf lernt, das lernt er noch weniger wenn er angestrengt wird. Ich tue nichts ohne Frohsinn, und zu langes und anhaltendes Nachsinnen trübt meinen Verstand, macht ihn träge und lässig.

Michel de Montaigne, Gedanken und Meinungen über allerlei Gegenstände, 1793

GEBURTSHELFER

Alles, was wir lesen, sagt uns immer nur so viel, als wir schon selber wissen, denn über alles, wofür wir noch nicht reif sind, lesen wir hinweg, auch beim besten Willen: Bücher können uns eigentlich nur Hebammen sein.

Hermann Bahr

Lesen ist für den Geist, was Bewegung für den Körper ist.
Sir Richard Steele

Lesen ist Leben

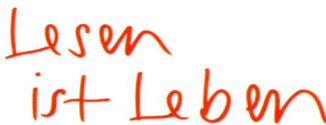

MENSCHENBÜCHER

Menschen
eine ungelesene Bibliothek

verschlossen Rücken an Rücken
die Titel

wer schlägt sie auf
befreit die Summe
der dunklen Wörter
treibt auf der Strömung der Sätze

Zeitentlang

Frühlingsufer
Winterufer
Und wieder wendet sich das Blatt

Menschenkapitel
wer nimmt sie
beim Wort

Eveline Hasler

Wenn du ein Buch lesen willst, das noch nicht geschrieben
wurde, musst du derjenige sein, der es schreibt.
Toni Morrison

ABLESBAR

In jedes Menschen Gesichte
Steht seine Geschichte,
Sein Hassen und Lieben
Deutlich geschrieben;
Sein innerstes Wesen,
Es tritt hier ans Licht …
Doch nicht jeder kann's lesen,
Verstehn jeder nicht.

Friedrich von Bodenstedt, Das wahre Gesicht

Das Leben gleicht einem Buche: Toren durchblättern es flüchtig;
der Weise liest es mit Bedacht, weil er weiß, dass er es
nur einmal lesen kann.
Jean Paul

VOM SUCHEN UND FINDEN

Ich habe mich gesucht
am Tag und in der Nacht.
Gefunden hab ich mich
in einem Buch
auf Seite hundertacht.

Anne Steinwart

Verkaufst du jemandem ein Buch, so verkaufst du ihm
nicht 12 Unzen Papier und Druckfarbe und Leim –
du verkaufst ihm ein neues Leben.
Christopher Darlington Morley

Lese Lesen Lesen 113
Sanders, deutsches Wörterb. II. 15

BUCH DES LEBENS

Jeder Morgen …
… ist eine leere Seite im Buch des Lebens.

Mit welchen, mit wie vielen Wörtern
werden wir sie beschriften?
Können wir auch mal Sonne, Mond, Sterne,
Blumen und zärtliche Kreise malen?
Und Farben, die noch
kein Mensch sah?

Wer darf uns über die Schulter sehen?
Und wer uns die Hand
durch die Stunden führen?

Cornelia Elke Schray

Vom Höchsten und Schönsten im Leben,
davon soll man nicht lesen, nicht hören, nicht sehen, sondern,
wenn man so will, es leben.
Søren Kierkegaard

WIE EIN BUCH

Jeder Tag
hat seinen Inhalt

Jedes Jahr
hat seine Geschichte

Jedes Leben
ist wie ein Buch

mit vielfältigen Kapiteln
mit besonderen Worten
mit farbenfrohen Bildern
mit Licht – und
mit Schattenseiten

Marion Schmickler-Weber

Das Leben ist wie ein Buch – um ein neues Kapitel zu beginnen,
muss man das vorhergehende abschließen.
Pavel Kosorin

546
Phantasie
Philister
Philister

Lesen ist Leidenschaft

BIBLIOMANIE

Er war glücklich, wenn er unter all diesen Büchern saß, seine Blicke über die vergoldeten Buchstaben, die abgenützen Seiten, das fleckige Pergament hinschweifen ließ. Er liebte die Wissenschaft wie ein Blinder den Tag. Nein! Nicht die Wissenschaft liebte er, nur ihre sichtbare Gestalt, ihren greifbaren Ausdruck. Er liebte ein Buch, weil es ein Buch war. Er liebte seinen Geruch, seine Form, seinen Titel. An seinen Handschriften liebte er die alte, unleserliche Jahreszahl, die seltsamen fremden gotischen Buchstaben, die schweren Vergoldungen, mit denen ihre Zeichnungen überladen waren, die Seiten, die Staub bedeckte, dessen milden, zarten Duft er wollüstig einsog [...].

Diese Leidenschaft hatte von ihm vollständig Besitz ergriffen. Er aß kaum, er schlief nicht mehr, aber Tag und Nacht träumte er von seiner fixen Idee, den Büchern.

Gustave Flaubert

Jedes Buch hat eine Seele. Die Seele dessen, der es geschrieben hat, und die Seelen derer, die es gelesen und erlebt und von ihm geträumt haben.
Carlos Ruiz Zafón

DAS NEUE BUCH

Wieg es in deinen Händen
streichle den Rücken
schlag es auf
riech dich in seine Blätter
du wirst mit ihm die Zeit vergessen
den Atem anhalten
weinen
staunen
und lachen
eintauchen in neue Wirklichkeiten
Abenteuer erleben
in Welten, die du nicht gekannt, zurückkehren
verändert
reicher
gestärkt
vom Nektar der Fantasie
Es wird weiterleben
in dir

Peter Schiestl

SIE WUSSTE GANZ GENAU, WAS EIN GUTES BUCH AUSMACHTE.

Erstens unterhielt sie ein gutes Buch so sehr, dass sie im Bett so lange las, bis ihr die Augen zufielen. Zweitens ließ es sie an mindestens drei, besser vier Stellen weinen. Drittens hatte es nicht weniger als dreihundert Seiten, aber niemals mehr als dreihundertachtzig, und viertens war der Umschlag nicht grün. Büchern mit grünen Umschlägen war nicht zu trauen.

Carsten Henn, Der Buchspazierer

Ein Buch ist ein Freund, der deine Fähigkeiten aufdeckt; er ist ein Licht in der Finsternis und ein Vergnügen in der Einsamkeit; es gibt und es nimmt nicht.
Mosche Ibn Esra

DER BÜCHERFREUND

Ob ich Biblio- was bin?
Phile? „Freund von Büchern“ meinen Sie?
Na, und ob ich das bin!
Ha! und wie!

Mir sind Bücher, was den andern Leuten
Weiber, Tanz, Gesellschaft, Kartenspiel,
Turnsport, Wein, und weiß ich was, bedeuten.
Meine Bücher – – – wie beliebt? Wieviel?

Was, zum Henker, kümmert mich die Zahl.
Bitte, doch mich auszureden lassen.
Jedenfalls: viel mehr, als mein Regal
Halb imstande ist zu fassen.

Unterhaltung? Ja, bei Gott, das geben
Sie mir reichlich. Morgens zwölfmal nur
Nüchtern zwanzig Brockhausbände heben – – –
Hei! das gibt den Muskeln die Latur.

Oh, ich musste meine Bücherei,
Wenn ich je verreiste, stets vermissen.
Ob ein Stuhl zu hoch, zu niedrig sei,
Sechzig Bücher sind wie sechzig Kissen.

Ja natürlich auch vom künstlerischen
Standpunkt. Denn ich weiß die Rücken
So nach Gold und Lederton zu mischen,
Dass sie wie ein Bild die Stube schmücken.

Äußerlich? Mein Bester, Sie vergessen
Meine ungeheure Leidenschaft,
Pflanzen fürs Herbarium zu pressen.
Bücher lasten, Bücher haben Kraft.

Junger Freund, Sie sind recht unerfahren,
Und Sie fragen etwas reichlich frei.
Auch bei andern Menschen als Barbaren
Gehen schließlich Bücher mal entzwei.

Wie? – ich jemals auch in Büchern lese?
Oh, Sie unerhörter Ese – – –
Nein, pardon! – Doch positus, ich säße
Auf dem Lokus, und Sie harrten
Draußen meiner Rückkehr, ach dann nur
Ja nicht länger auf mich warten.
Denn der Lokus ist bei mir ein Garten,
Den man abseits ohne Zeit und Uhr
Düngt und erntet dann Literatur.

Bücher – Nein, ich bitte Sie inständig:
Nicht mehr fragen! Lass dich doch belehren!
Bücher, auch wenn sie nicht eigenhändig
Handsigniert sind, soll man hoch verehren.
Bücher werden, wenn man will, lebendig.
Über Bücher kann man ganz befehlen.
Und wer Bücher kauft, der kauft sich Seelen,
Und die Seelen können sich nicht wehren.

Joachim Ringelnatz

DAS BUCH

Ums Buch ist mir nicht bange.
Das Buch hält sich noch lange.

Man kann es bei sich tragen
und überall aufschlagen.

Sofort und ohne Warten
kann man das Lesen starten.

Im Sitzen, Liegen, Knien
ganz ohne Batterien.

Beim Fliegen, Fahren, Gehen –
ein Buch bleibt niemals stehen.

Beim Essen, Kochen, Würzen –
ein Buch kann nicht abstürzen.

Die meisten andren Medien
tun sich von selbst erledigen.

Kaum sind sie eingeschaltet,
heißt's schon: Die sind veraltet.

Und nicht mehr kompatibel –
marsch in den Abfallkübel.

Zu Bändern, Filmen, Platten,
die wir einst gerne hatten

und die nur noch ein Dreck sind,
weil die Geräte weg sind.

Es sei denn, man ist klüger
und hält sich gleich an Bücher,

die noch in hundert Jahren
das sind, was sie stets waren:

Schön lesbar und beguckbar,
so stehn sie unverruckbar

in Schränken und Regalen,
und die Benutzer strahlen:

Hab'n die sich gut gehalten!
Das Buch wird nicht veralten.

Robert Gernhardt

Ohne Fernsehen kann ich leben, aber ohne Bücher nicht.
Elke Heidenreich

Eine zärtliche Mutter, welche den ersten Leseunterricht ihrer Kinder selbst besorgen wollte, und sich nach einem einfachen, zweckmäßig eingerichteten Elementarbuch umsah, ersuchte mich, ihr in der Wahl eines solchen Büchleins behülflich zu seyn. Gern war ich bereit, den Wünschen derselben entgegen zu kommen, indessen war ich einigermaßen verlegen, für welche dieser Art Schriften ich mich sogleich erklären sollte. Ich prüfte, wählte, und — verwarf. Denn es dünkt mich keineswegs gleichgültig zu seyn, *wie* man die Anfangsgründe des Lesens lehre, und an welchen **Stoff** man die ersten Leseübungen knüpfe. Das Fassungsvermögen des Kindes ist noch zu beschränkt, und die Lust und Liebe zum Lernen soll erst erweckt und angeregt werden von außen her. Damit ihm dieselbe nun verbleibe sein Lebelang, so ist es unerläßliche Pflicht des Lehrenden, dem aufkeimenden Geiste in kindlicher Einfalt nur das zu geben, was demselben

Bücher lesen heißt wandern gehen in ferne Welten, aus den Stuben, über die Sterne.

Jean Paul

Textnachweis:
Johann Rudolph Gottlieb Beyer, Über das Bücherlesen, in so fern es zum Luxus unsrer Zeiten gehört, Erfurt 1796.
Rose Ausländer, „Im Märchenland", aus: dies., Gesammelte Werke. Wieder ein Tag aus Glut und Wind, hg. v. Helmut Braun, © 1986 und 1988 S. Fischer Verlag GmbH, Frankfurt a. M.
Doris Bewernitz, „Frieden ist", aus: dies., Wenn Frieden ist. Lichter der Hoffnung, © 2023 Verlag am Eschbach.
Charles Dantzig, „Man liest nur aus Liebe", aus: ders., Wozu lesen, © 2011 L.S.D. Lagerfeld, Steidl, Druckerei Verlag im Steidl Verlag, Göttingen, S. 36.
Michael Ende, „Wer niemals ganze Nachmittage" und „Ich möchte wissen", aus: ders., Die unendliche Geschichte, © 1973, 2019 Thienemann in der Thienemann-Esslinger Verlag GmbH, Stuttgart.
Gustave Flaubert, „Er war glücklich", aus: ders., Bibliomanie. Aus dem Französischen von Erwin Rieger, Insel Verlag, Berlin 2021, S. 9f.
Cornelia Funke, „Wenn du ein Buch auf eine Reise mitnimmst", aus: dies., Tintenherz, © 2010 Dressler Verlag GmbH, Hamburg, S. 24.
Robert Gernhardt, Das Buch, aus: ders., Im Glück und anderswo, © S. Fischer Verlag, Frankfurt am Main 2002.
Eveline Hasler, „Menschenbücher", aus: dies., Auf Wörtern reisen. Gedichte, © 1993 Pendo in der Piper Verlag GmbH, Zürich/München.
Carsten Henn, „Sie wusste ganz genau", aus: ders., Der Buchspazierer, © Pendo Verlag in der Piper Verlag GmbH, München 2020, S. 8.
Astrid Lindgren, Deshalb brauchen Kinder Bücher, aus: Dankesrede, die Astrid Lindgren 1958 bei der Entgegennahme des Hans-Christian-Andersen-Preises hielt.
Michel de Montaigne, „Man muss nicht alles verstehen", aus: ders., Gedanken und Meinungen über allerlei Gegenstände, 1793
Rainer Maria Rilke, Die Aufzeichnungen des Malte Laurids Brigge, 1910.
Martin Walser, Ich muss gestehen, aus: ders., Liebeserklärungen, © Suhrkamp Verlag Frankfurt am Main 1986. Alle Rechte bei und vorbehalten durch Suhrkamp Verlag Berlin.
Carlos Ruiz Zafón, „Einmal hörte ich einen Stammkunden", aus: ders., Der Schatten des Windes, Aus dem Spanischen von Peter Schwaar, © 2023 – Frankfurt Rights. All Right Reserved. S. Fischer Verlag GmbH, Frankfurt a. M., 2013.

Bei folgenden Autorinnen und Autoren liegen die Rechte beim Urheber bzw. der Urheberin: S. 32 **Peter Schiestl**; S. 17, 29 **Marion Schmickler-Weber**; S. 28 **Cornelia Elke Schray**; S. 26 **Anne Steinwart**; S. 20 **Katja Süß**

Trotz sorgfältiger Recherche war es leider nicht in allen Fällen möglich, den jeweiligen Rechteinhaber ausfindig zu machen. Für Hinweise sind wir dankbar.

Bildnachweis:
Die Abbildungen in diesem Buch sind Collagen aus Aquarellen, Grafiken und historischen Buch- und Manuskriptseiten, die aus Erstlese- und Wörterbüchern des 19. Jahrhunderts erstellt wurden.
S. 2, 27, 30: Wörterbuch der deutschen Sprache, Leipzig 1866.
S. 7: Brief von Julia Rominger von Ann Arbor, Michigan, an Fräulein Ammermüller nach Stuttgart.
S. 12: ABC und Erstes Lesebüchlein für Elementarklassen, 1866.
S. 19: Daniel de Foë, Robinson Crusoe's Abenteuer und Schicksale zu Wasser und zu Lande. Schilderung seines Aufenthalts auf einer wüsten Insel.
S. 22: Das ABC Kränzchen. Wer dieser Blumen Sinn versteht, kennt auch das große Alphabet.
S. 38: Allwins und Amaliens erstes Lese- und Bilderbuch nebst einer Anleitung zum Gebrauch für Eltern und Lehrer, 1821.

iStock/Cannasue (VS 1), iStock/NSA Digital Archive (S. 2, 7, 25), iStock/duncan1890 (S. 2/3, 6, 20, 29, 34/35), iStock/Grafissimo (S. 5), iStock/Magnilion (S. 9), iStock/clu (S. 11), shutterstock/Ira_Graphics (S. 12), iStock/Mimomy (S. 12), shutterstock/Ekaterina Mikheeva (S. 15), shutterstock/Daria Ustiugova (S. 16,), iStock/wacomka (S. 17, 27), shutterstock/Mariia Kutuzova (S. 19), iStock/Elena Dorosh (S. 22), iStock/BarvArt (S. 26), iStock/Tanya Syrytsyna (S. 30), iStock/Olga Ryabukhina (S. 32), iStock/litovskaya (S. 37), iStock/arxichtu4ki (S. 38), iStock/Daria Ustiugova (S. 39).

Verlagsgruppe Patmos in der Schwabenverlag AG, Ostfildern
Im Alten Rathaus/Hauptstraße 37
D-79427 Eschbach/Markgräflerland

www.verlag-am-eschbach.de

Einbandmotiv: Rebecca Campbell, Patience is a Virtue, 2013 © Rebecca Campbell.
All Rights Reserved 2023 / Bridgeman Images
Gesamtgestaltung: Angelika Kraut, Verlag am Eschbach
Kalligrafie: Ulli Wunsch, Wehr
Herstellung: Grafisches Centrum Cuno GmbH & Co. KG, Calbe
Hergestellt in Deutschland
ISBN 978-3-98700-042-3

FSC www.fsc.org MIX Papier aus verantwortungsvollen Quellen FSC® C043106

Klimaneutral Druckprodukt ClimatePartner.com/14549-2003-1001

Gedruckt auf FSC®-zertifizierten Materialien
Näheres zur Nachhaltigkeitsstrategie der Verlagsgruppe Patmos
auf unserer Website www.verlagsgruppe-patmos.de/nachhaltig-gut-leben

Manufakt

Dieser Baum steht für Erhaltung unserer natürlichen Lebensgrundlagen: klimaneutrale Produktion, umweltschonende Ressourcenverwendung und nachhaltige Herstellung. Individuell und mit Liebe gemacht.